행운을 부르는 이상한 사진

행운을 부르는 이상한 사진

부와 운을 끌어당기는 미라클 북

• 후미토 지음 | 박진희 옮김 •

살림

이 책에 실려 있는 사진에는 '눈에는 보이지 않는 에너지'가 찍혀 있습니다.

이 책은 '눈에는 보이지 않는 에너지'를 누구라도 볼 수 있도록

찍어낸 사진집입니다.

이 책에 실린 사진은 그저 여러분이 느껴지는 대로 보고, 즐기시면 됩니다.

보이지 않는 세계에 좀 더 쉽게 접근하고, 당신의 가능성을 넓혀주기 위해

이 책에 실린 사진들을 보는 방법을 소개하고자 합니다.

마음에 드는 사진을 골랐다면
눈을 깜빡이지 말고 10초간 집중해서 바라보세요.

◆◆

집중하여 바라보았다면, 이제 눈을 감고 천천히 깊게 호흡하면서
빛, 바람, 온기(따스함), 향기와 같은 세계를 느껴보세요.
그 세계가 조금씩 넓어지는 것을 느낄 수 있을 겁니다.
간혹 스토리가 전개되기도 합니다.
그것들, 곧 빛이 존재하는 세계를 즐기세요.

◆◆◆

충분히 느꼈다면 눈을 떠도 좋습니다.

행복으로 이끄는 빛을 잡은 당신에게

이 책을 선택해주셔서 감사합니다.

이 책은 '눈에는 보이지 않는 에너지'를 누구라도 볼 수 있도록 찍어
낸 사진집입니다.

이 책에 담긴 에너지가 행복한 삶으로 이끌어줄 빛을 당신에게 보냈
나봅니다.

당신은 그 빛에 무의식적으로 이끌린 것이고요.

아마도 지금 당신은 행복의 에너지를 받아들일 준비가 되어 있는 것
같군요.

행복의 에너지는 이런 것입니다.

◈ 빛과 구체(球體,orb)에 나타나는 '정령 · 요정'과 '우주 에너지'
◈ 눈(雪,snow)과 불, 빛에 나타나는 '천사'와 '용'
◈ 식물과 동물의 '생명 에너지'
◈ 부엉이와 백사, 돌 등을 통한 '보이지 않는 세계로 이끄는 에너지'

이처럼 보통은 눈에 보이지 않는, 그러나 확실히 존재하며 우리에게
영향을 주는 '무엇'입니다.

이 책을 통해 당신이 지금까지 알고 있던 세계와는 다른 새로운 세계
가 있다는 것을 깨닫게 되길 바랍니다. 이 책에 실린 사진들을 통해
당신은 지금까지와는 전혀 다른 세계를 접하게 될 것이고, 그로 인해
인식의 폭 또한 조금씩 넓어질 것입니다. 상상도 할 수 없었던 세계로
이끌린 당신은 예기치 못한 감각을 느끼게 되겠지요. 그러면 무한의

가능성이 펼쳐지는 세계로 통하는 문을 열 수가 있습니다.

이 책에 실린 사진을 보고 느껴보세요.

당신의 생각과 인생을 바꾸는 기회가 될 것입니다.

이상한 사진을 본 사람들의 인생은 변화했다

사진들이 한 권의 책으로 묶이기 전에, 저는 블로그나 세미나 등에서 이 사진들을 소개했었습니다. 사진을 본 분들은 저마다 제게 글을 보내주었고, 그분들의 글이 이 책을 출간하는 계기가 되었습니다.

> 메일로 사진을 받은 것이 어제였는데, 글쎄 오늘 돈이 들어왔지 뭐예요! 역시 다이아몬드 후지(富士)! 게다가 아름다운 블루의 환까지…. 더욱 운이 좋아질 것 같아요!
>
> – 80쪽 사진을 보고 돈이 들어온 40대 사업가

사진을 바라보다 눈을 감은 순간, 제3의 눈 주변에서 밝은 빛이 비쳐 눈부신 흰 무리에 감싸였습니다. 왠지 들뜬 마음에 가슴이 벅차서… '우리들 눈동자는 끊임없이 빛으로 반짝거리니, 이 반짝이는 눈으로 당당히 세상을 응시하면 되는 거야!'라는 생각이 들었습니다.

— 49쪽 사진을 보고 좋은 기운을 받은 20대 취업준비생

어떤 일이 닥치든 항상 강한 빛을 통해 제게 용기를 주었다는 느낌입니다. 게다가 마음의 빛도 일으켜주는 것 같아요. 제일 놀란 건 기다리던 사람에게서 연락이 온 일입니다. 그런데도 좀처럼 자신에게 솔직해지지 못해 어영부영하고 있었는데, '좋아, 연락을 받았으니 이걸로 됐어', '이제 어떻게 되든 상관없어!' 하는 생각에 솔직하게 마음을 전할 수 있었고, 덕분에 홀가분해졌습니다.

— 56쪽 사진을 보고 기다리던 사람에게 연락을 받은 30대 회사원

하루에도 몇 번이고 틈나는 대로 흰 새 사진을 보고 또 보았습니다. 그러다 보니 보는 방법이 조금씩 달라졌습니다. 사진이 무엇을 전하고 싶어 하는지 예전보다 더 잘 알게 되었습니다. 덕분에 스스로 중심 잡기가 쉬워졌고, 불안함을 조금씩 없앨 수 있게 되었습니다! 그러자 현실이 변하기 시작했습니다. 생각만 했던 일이 현실화된 것을 비롯해 많은 변화가 일어나고 있습니다. 앞으로 내 인생이 어떻게 전개되어갈지 벌써부터 가슴 설렙니다.

– 76쪽 사진을 보고 불안감을 덜어낸 50대 주부

당신은 어떤 메시지를 받게 될까요?
부디 자유로운 마음으로 느껴보시기 바랍니다.

세계를 만드는 가장 큰 신은 '자신'이다

어찌하여 저는 '눈에는 보이지 않는 에너지'를 누구나 볼 수 있도록 사진으로 찍어내는 일이 가능할까요? 그 이유는 사물을 인식하는 법에 있습니다.

저는 신을 모시는 집안에서 태어났습니다. 그래서인지 '수많은 신'이라는 말이 대변하듯, 모든 것에는 신이 깃들어 있다는 의식을 가지고 있습니다.

예로부터 일본인은 태양을 신으로 숭배해왔습니다. 그것은 태양의 빛이 식물을 키우고 우리들을 살게 한다는 사실을 깨닫고 있었기 때문일 것입니다. 또 갖가지 먹을거리를 제공해주는 산을, 씨앗을 키워주는 대지를 신으로 숭배하였습니다. 이처럼 우리들에게 주어진 자연계의 모든 것을 신으로 숭배해왔습니다.

자연계에 존재하는 모든 것이 신이라는 생각은 식물, 동물, 광물, 자연현상… 나아가서는 사람인 '자기 자신'도 신이라는 뜻입니다. 사람에게도 '신의 혼'이 깃들어 있기에, 자신은 물론 타인과 접할 때도 경의를 가지고 대해야 합니다. 저는 그것을 어린 시절부터 배웠습니다.
또 신의 혼이 깃들어 있는 우리들 한 사람 한 사람이 자기 자신을 둘러싼 세계를 만들고 있다는 사실을 깨달아야 합니다. 자기 자신이 마주 대하는 의식에 의해서 세계가 만들어지기 때문입니다. 그 의식이 있기 때문에 우리는 보이지 않는 것을 느끼고, 누구라도 보이는 형태로 사진에 담을 수 있는 것입니다.

마음의 눈으로 세상을 보다

제 어린 시절의 이야기를 조금 자세히 해보려고 합니다.

저는 후쿠시마 현의 공기가 맑은 친쥬노모리(수호신을 모신 숲) 안에 있는 '가나자와 쿠로누마 신사'라는 곳에서 자랐습니다. 1300년 역사를 지닌 유서 깊은 신사로, 중요무형민속문화재로 지정된 축제 '하네야 마고모리'는 2014년으로 1088회를 맞이했습니다.

저는 지금까지도 제 어린 시절을 선명히 기억합니다.

돌도 채 지나지 않은 어느 날, 저는 건축 사무소 옆에 있는 조부모님

댁에 누워 있었습니다. 당시 사무소는 교체 공사가 한창이었는데, 저는 그 공사장을 드나드는 여러 사람들을 아직도 기억합니다. 목수, 가구상, 유리를 나르는 인부 등이 나누던 이야기 소리와 그 광경까지도 눈에 보이는 듯합니다. 그리고 밖에서 놀다가 들어온 누나가 다가와 제 볼을 톡톡 건드리기도 하고 쓰다듬어주기도 했던 일을 기억하고 있습니다.

말을 거는 누나의 입 주위에서 녹색의 희미한 무언가가 보였습니다. 그 녹색의 희미한 무언가를 보면서 누나를 느끼고, 누나로부터 '다녀왔어'라는 친근한 에너지를 받아 '어서 와'라는 마음의 에너지로 답하였습니다. 아직 말을 익히지 못한 저와 누나의 대화에는 무언가 마음의 안쪽에서부터 전해오는 '알아', '이해해' 같은 감각이 있었습니다.

나중에서야 그때의 감각이 '공감각'이었다는 것을 알게 되었습니다.

공감각을 지닌 사람은 문자에서 색을 느끼기도 하고, 소리에서 색을 느끼기도 하며, 형태에서 맛을 느끼기도 합니다. 어떤 자극에 대하여 보통의 감각뿐만 아니라 다른 종류의 감각도 느끼는 것으로, 일부 사람들에게만 보이는 특수한 지각 현상이라고 합니다.

저의 가장 뛰어난 공감각은 '마음의 눈으로 보는 것'입니다. 그것은 잠들어 있는 것이 아니라, 눈을 뜬 채 뇌가 무언가 받아들이고 있는 느낌입니다. 마치 TV 채널을 돌리듯이 방금 전까지 보고 있던 풍경이 순식간에 다른 풍경으로 바뀌는 것 같은 느낌입니다.

어린 시절의 '공감각' 체험 가운데 가장 선명하게 기억하는 건, 태어나서 8개월 정도까지 할머니의 등에 업혀 자주 산책을 다니며 느꼈던 감각입니다. 나무들의 냄새와 따스한 의식에 감싸이는 듯한 느낌…. 신사는 숲 안에 있어서 기의 흐름이나 독특한 의식을 느끼곤 했는데,

그것들은 잠을 자면서도 느낄 수 있었습니다. 그것은 자연의 멜로디를 듣는 느낌, 나무들이 대화하는 것과도 같은 느낌이었습니다.

게다가 항상 느껴졌던 것은 수많은 신들의 의식이 언제나 함께한다는 감각이었습니다. 그들은 늘 가족의 수보다도 많아서 번잡스러운 느낌이 들 정도였습니다. 그러면서도 '이렇게나 자연이 아름답고 갖가지 것을 느낄 수 있는 굉장한 세계구나'라는 실감도 했습니다.

그 시절에는 '나무 꼭대기에 올라가고 싶다'라고 생각만 하면 바로 날아갈 수 있다는 것을 알았습니다. 제 의식은 이미 나무 꼭대기에서 밑에 펼쳐진 풍경을 바라보고 있었으니까요.

'가고 싶은 곳으로 의식을 향하면 그 공간이 펼쳐진다.'

제게는 이걸 느낄 수 있는 감각이 있었습니다.

보이는 것, 찍히는 것이 전부가 아니다

어른이 되어서도 영적인 꿈을 꾸는 등 동시에 여러 가지 신기한 체험을 해왔습니다. 특히 2011년 3월 11일이 되기 조금 전부터는 신들의 꿈을 꾸게 되었습니다. 신선과 같은 사람이 나와서 "여기에 있다"라고 한마디 하고 사라지기도 하고, 수도승처럼 빛이 나는 사람이 나타나 "깨달아라"라는 한마디를 남기고 사라지기도 하고….

신이라고 느껴지는 여러 분들로부터 꿈에서 자주 메시지를 받고 있었습니다. 눈에는 보이지 않는 존재를 사진으로 찍게 된 것은 그때부터입니다.

나고야에 출장을 갔을 때의 일입니다. 그때 저는 한 호텔의 고층에서 일을 하고 있었는데, 문득 눈을 들어 바라본 창문 너머에는 평소와 다름없는 하늘이 펼쳐져 있었습니다. 하지만 그 하늘에서 뭔가 아주 강하게 끌어당기는 에너지 같은 것이 느껴졌습니다.

'뭐지?' 하는 생각에 하늘을 향해 사진을 한 장 찍었습니다. 거기에는 반투명의 UFO가 찍혀 있었습니다.

UFO 사진을 찍고 조금 지난 어느 날, 다카오 산(高尾山)의 '히와타리마츠리'라는 축제에 갔었습니다. 의식이 진행되는 중에 만다라를 읊는 수행자의 머리 위로 아주 커다란 만다라와 같은 무언가가 나타나는 것이 확실히 눈에 보였습니다. 그 장면에서 에너지와 구체 등을 사진에 담을 수 있었습니다.

지금까지 여러 종류의 많은 의식을 사진에 담아왔습니다. 상식으로는 찍을 수 없을 것 같은 것도 눈에 보이는 물체로 드러나 있는 사진입니다. 이들 사진에서 느껴지는 에너지를 의식하면서 눈을 감고 마음의 눈으로 느껴보세요.

이 책이 계기가 되어 보이지 않는 세계와 확실한 연결고리가 생기면, 당신이 갖고 있던 지금까지의 편견이나 제한의 틀이 떨어져나갈 것입니다. 그리고 무한의 가능성이 펼쳐지고 의식이 넓어지는 것을 느낄 수 있을 겁니다.

이 책이 당신의 인생을 '즐기는' 데 도움이 되기를 간절히 바랍니다.

차례

행운을 부르는 자연의 힘

Spirit·Fairy

기분 좋은 기운을 느껴보세요

나무, 꽃, 돌 등 자연계에 존재하는 정령·요정의 에너지는 우리들을 즐거운 마음, 밝고 쾌활한 기분으로 만들어주는 에너지를 발산하고 있습니다. 이제부터 소개할 사진들은 모두 정령·요정이 구체가 되어 찍힌 것입니다.

구체란 빛이 팽창하고 투영되어 사진에 찍힌 현상입니다.

구체에는 두 종류가 있습니다. 하나는 '에너지'를 나타내는 것입니다. 예를 들어 사람의 감정이 변했을 때나 에너지가 움직였을 때처럼, 그 사람의 주변에서 순간적으로 나타나는 에너지가 구체로 표현되는 것입니다.

다른 하나는 정령·요정이라는 '빛의 존재 의식'을 나타내는 것입니다. 나무, 꽃, 돌 등 자연물 안에 정령이나 요정이 깃들어 있는 것, 또는 자연물이 끌어당겨서 정령이나 요정이 다가오는 모습이 '구체'라는 형태로 사진에 찍힙니다. 정령·요정의 의식으로 나타나는 구체의 색은 무지개, 녹색, 흰색 등 여러 가지지만, 모두 빛나고 있다는 특징을 가지고 있습니다. 이때의 구체는 그저 헐레이션(halation, 강한 빛이 닿은 부분의 주변이 흐릿하게 부예지는 현상)과는 전혀 다른 것입니다.

이쯤에서 제가 만난 정령의 에피소드를 소개합니다.

2011년 2월의 어느 날 밤이었습니다. 저는 푹 잠들어 있었는데, 아주 차가운 바람이 얼굴에 스치는 것을 느끼고 '뭐지?' 싶어 눈을 떴습니다. 그러자 새끼손가락만 한 크기의 반짝반짝 빛나는 동그란 무지갯빛이 눈에 들어왔습니다. 그것은 소용돌이 모양의 가느다란 눈과 함께 얼굴에 날아들었습니다.

자세히 들여다보니, 그 동그란 빛 안에는 백발에 흰 수염을 길게 늘어뜨린 신선 같은 할아버지가 있었습니다. 그 할아버지는 빛 안에 존재하는 '눈의 정령'이었습니다.

정령이 베개 위에 서서 제 얼굴을 향해 "후~ 후~"하며 입에서 눈과 바람을 세차게 내뿜고 있는 게 아닙니까! 아주 차가웠던지라 몸을 움직이려고 했지만 어찌된 일인지 꼼짝도 할 수 없었습니다. 하는 수 없이 잠시 동안 계속 날아오는 눈과 바람을 맞고 있었습니다.

2~3분 정도 지났을까요. '이제야 알겠다!' 싶어서 웃으며 마음속으로 감사의 마음을 전했습니다. 그러자 정령의 모습이 사라지고 몸도 움직일 수 있게 되었습니다. 나는 벌떡 일어나 창문을 열었습니다. 그해의 첫눈이 내려서 쌓이고 있었습니다.

"아아, 눈의 정령이 첫눈을 알려준 거구나. 고마워요."
저는 한 번 더 감사의 마음을 전했습니다.

이처럼 정령·요정은 때로는 장난기 가득한 형체로 모습을 드러내기도 하고 유머를 담아 전해주기도 합니다. 여러분도 사진에서 정령·요정의 에너지를 느껴보세요.

밝고 쾌활한 마음이 되면 자연스럽게 운이 좋은 일, '행운'이라고 생각되는 일이 다가올 것입니다.

'하루가 너무 빨라서 어떻게 사는지도 모르겠어', '뭐 하나 제대로 되는 게 없어', '매일매일이 너무 지겨워'….

이런 생각들이 드는 날, 없으세요?

이럴 때는 정령·요정을 만나보지 않을래요?

정령 · 요정의 에너지는 밝고 쾌활한 마음과 가슴을 설레게 하는 파워로 가득 차 있습니다.

이것은 나무의 요정이 찍힌 것입니다. 위의 사진은 비가 개고 나타난 나무의 요정 치고는 진귀한 푸른색의 구체랍니다.

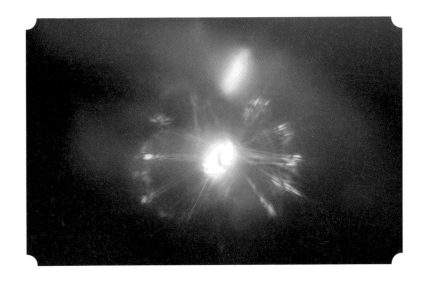

행운을 부르는 비결, 그것은 스스로 '재수 짱!', '럭키!'라고 생각하는 일입니다.

생각을 긍정적으로 하면, 그 마음에 이끌려 점점 긍정적인 일과 '행운'이라고 생

각되는 일이 따라오기 때문입니다.

정령·요정 중에는 긍정적인 마음과 공명을 일으켜 그 기운을 더욱 증폭시켜주는 것이 특기인 존재도 있습니다. 이 사진들은 직경 20센티미터의 연수정 안에 깃들어 있는 정령입니다. 제가 생각을 말로 전하면 언제나 공명을 일으켜 빛을 발해줍니다.

숲 속이나 아름다운 물가 주변에 있으면 힘이 나는 것 같지 않나요?

그것은 분명 정령 · 요정의 덕분일 겁니다.

저는 아름다운 물가에서 스플래시(물의 요정)들을 자주 발견합니다.

푸른빛이나 흰빛이 나는 하늘색 구체가 특징입니다.

깨끗한 개울이나 호수에 가면 스플래시를 느껴보시기 바랍니다.

왠지 즐거운 기분이 든다면 물의 요정이 곁에 와 있다는 증거인지도

모릅니다.

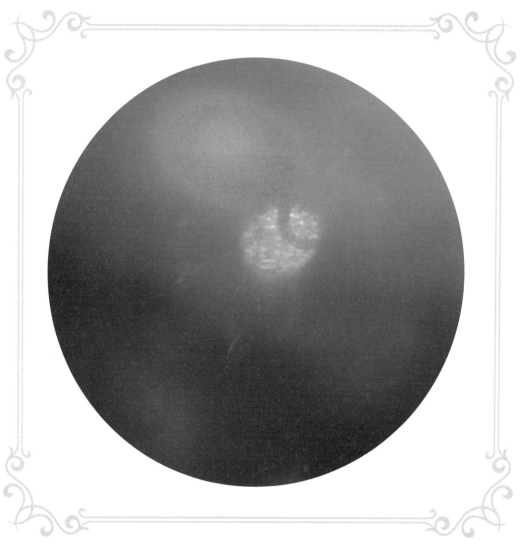

나날이 "재수 짱!", "운이 좋아!"라고 생각되는 일이 늘어난다면, 당신의 소원이 이루어질 날도 멀지 않은 거예요.

이 사진은 '금홍석'이란 돌의 정령이 찍힌 것입니다.

돌의 에너지는 소원을 이루어준답니다.

돌에게 질문을 하면 꿈에 답을 주기도 하지요.

당신의 소원은 무엇인가요?

정령·요정과 사이가 좋아지면 매일매일이 좀 더 즐거워집니다. 하지만 어떻게 해야 그들과 사이가 좋아질 수 있을까요? 그 답은 자연을 사랑하고 자연과 가까워지는 것에 있습니다. 정령·요정은 자연과 함께하는 사람을 환영한답니다.

이 사진에서 보이는 것은 하와이 토지의 정령입니다. 하와이 공항에 서 있는 동상에 모여든 것을 제가 포착한 것이지요. 하와이에 내린 사람들을 환영하는 따스한 에너지를 느꼈습니다.

변화의 타이밍에 나타나는 용의 에너지

Dragon

불안해하지 말고 앞으로 나아가세요

용의 에너지는 사람의 에너지와 공명함으로써 그 사람의 의식을 그 사람의 눈에 보이는 형태의 '용'으로 보여줍니다. 지금부터 소개할 사진들은 제가 용의 에너지와 공명함으로써 눈에 보이는 형태로 나타난 용의 에너지입니다.

눈, 불꽃, 빛, 물 등 자연계를 통해서 용은 눈에 보이는 형태로 제 앞에 모습을 드러내주었습니다.

용은 변화의 타이밍에 나타납니다. 새로운 만남의 전조이기도 하고, 용기를 가지고 도전할 때를 알려주기도 합니다.

용이란 원래 정해진 차원에 얽매이지 않고 차원을 넘나들며 여행하는 존재입니다. 공간만이 아니라 현재, 과거, 미래라는 시간도 자유롭게 넘나듭니다. 잠이 드는 순간, 의식의 감각이 크게 부풀어 올라 제 의식이 용과 연결되는 것을 느낀 적이 있습니다. 이 의식은 굉장한 속도로 커다란 몸을 자유로이 움직여 의식한 장소, 시간… 그래요, 과거나 미래 따윈 상관없이 이동했습니다. 그때 그렇게 여러 풍경을 보고 제가 느낀 건 모든 것이 연결되어 무한의 세계에 존재하고 있다는 감각이었습니다. 그다음부터는 신사나 '파워스포트라이트'라고 불리는 일정한 대지, 자연이 풍부한 곳 등에서 그 감각이 되살아날 때 용의 존재를 느낍니다. 또 내가 변화를 받아들일 타이밍에서 그 자세나 에너지를 보여주기도 합니다.

여러분도 사진을 보면서 어떤 말이 새어나올지, 어떤 마음을 느끼는지 가슴에 가만히 귀 기울여보세요. 생각지도 않은 번뜩이는 아이디어가 나올지도 모릅니다. 그건 분명 당신의 인생을 긍정적으로 변화시켜줄 메시지일 겁니다.

새로운 일을 시작한다든가, 지금까지와는 다른 무언가를 선택한다든가, 이사나 결혼·출산처럼 생활이나 인생의 전환점에 서 있을 때 불안함을 느낄 수도 있을 겁니다. 그러나 변화를 두려워해서는 안 됩니다. 언제나 우리들을 성장시키는 것은 인생의 그런 크고 작은 변화들이니까요. 변화의 타이밍에 나타나는 용은 언제나 강한 메시지를 전해줍니다. 후지 산 기슭에 있는 야마나카코에 갔을 때 '일어나라!'라는 강한 메시지와 함께 이 용운(왼쪽)이 나타났습니다. 또 일하면서 다음 기획물에 대해 고민하다 문득 바라본 하늘에는 용운(오른쪽)이 펼쳐져 있었습니다. 그때 '더 자유로워져!'라는 메시지를 받았습니다.

막다른 곳에 몰렸을 때는 '보는 법'을 조금 바꾸는 것만으로 단숨에 해결책이 발견되기도 하고, 마이너스라고 생각하던 일이 기회라는 걸 알게 되기도 합니다.

"보는 법을 바꾸면 나타난다."

이 후지 산 기슭에 나타난 용의 기운이 가르쳐주었습니다.

의미가 있는 우연의 일치를 '싱크로니시티(공시성·동시성, synchro
-nicity)'라고 합니다. 싱크로니시티가 일어날 때는 변화의 시기이니
두려워하지 말고 행동하세요.

이 용의 에너지는 사실 싱크로니시티의 흐름으로 저에게 메시지를 주
었습니다. 그때 저는 어떤 새로운 도전을 시도하고자 계획하고 있었
지만, 확신을 갖지 못하여 망설이고 있었습니다. 그런 제게 '자신을
가지고 앞으로 나아가렴' 하며 등을 떠밀어주었습니다.

본가의 신사에서 축제가 있던 날, 불에 나타난 '용의 불'.

용의 불은 '영혼의 자각'을 촉구하는 현신입니다.

이 에너지를 받아 당신의 영혼은 무엇을 느끼게 될까요?

우리들의 머리에는 언제나 여러 생각이 소용돌이치고 있습니다. 그리고 그 생각에 얽매여 걱정도 하고 행동을 제한하기도 합니다.

이것은 야마나카코 부근에 있는 신사의 '손 씻는 곳'에서 찍은 사진입니다. 마침 용의 장식이 붙어 있는 곳에 빛과 함께 용의 에너지가 나타난 것이지요.

용은 빛의 에너지를 통해 '소용돌이치는 생각을 흘려보내고 행동하라'고 가르쳐주었습니다.

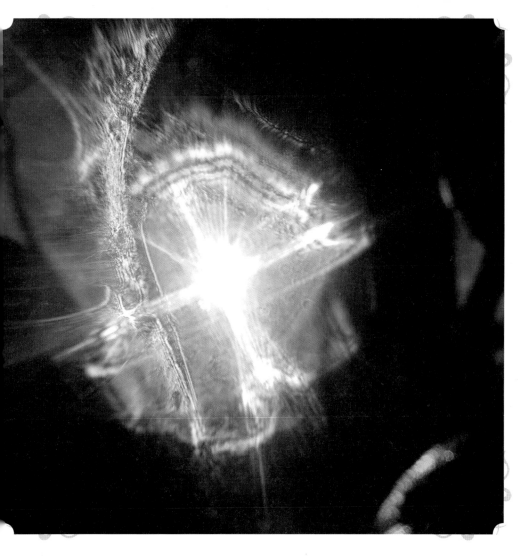

태양신에게로 솟아오르는 용의 에너지를 느껴보세요.

변화의 시기에는 불안이나 공포를 먼저 느낄 수도 있습니다.
그것은 새로운 자신으로 다시 태어나기 위한 전조에 불과합니다.
용은 새로운 모습으로 거듭나는 당신을 지켜줄 것입니다.

생명의 기운이 주는 힐링 효과

Aura·Energy

빛에, 사랑에 마음을 맡기세요

식물이나 동물의 생명 에너지는 우리들을 치유하는 힘을 가지고 있습니다. 지금부터 소개할 사진들에는 구체나 신기한 형태의 구름, 빛 같은 것은 거의 찍혀 있지 않습니다. 그러나 저는 동식물이 발산하고 있는 에너지를 보았고, 그 에너지가 느껴졌기 때문에 셔터를 눌렀습니다. 그러므로 여러분에게도 분명 그 생명 에너지가 느껴질 것입니다.

동물의 생명 에너지는 치유이며, 생명의 본능이 가지고 있는 전승 에너지입니다. 차세대로 이어지는 생명 에너지는 틀림없이 이 자연계가 지니고 있는 수레바퀴의 일부입니다. 사랑이 있는 생명의 의식을 느껴보세요.

식물의 생명 에너지는 주파수가 높고 아주 평평합니다. 식물은 에너지가 높다고도 할 수 있겠지요. 또 뿌리박힌 모습이 보여주듯 안정된 에너지이기도 합니다.

식물은 자연과 함께 조화를 이루고 있습니다. 대지뿐만 아니라 다른 식물이나 나무, 바람이나 빛과도 조화를 이루고 있지요. 특히 나무들은 멀리 떨어져 있는 나무들과도 조화를 이루며 정보를 교환하고 있답니다. 그것은 우리들 눈에는 보이지 않는 땅속의 뿌리가 전부 나무의 뿌리들과 공존하고 있기 때문이지요.

게다가 식물에게는 의식이 있습니다. '나를 봐주세요', '나를 보고 편안함을 느끼세요'와 같은 의식도 있습니다.

자연 속에 있으면 몸과 마음, 영혼의 밸런스가 잡힙니다. 자신 안에서 밸런스가 잡히지 않는다고 느껴질 때는, 자연으로 가서 자연 속에 몸을 맡겨보세요. 호흡이 깊어지며 분명 밸런스도 잡히게 될 테니까요.

또 하나! **식물은 인간이 오면 반짝이기 시작합니다. 말을 걸거나 바라보면 더욱 빛을 발하며 반짝인답니다. 자, 식물을 바라보고 말을 걸어보세요. 그** 에너지를 당신도 느낄 것입니다.

벚나무에 얽힌 저의 에피소드를 이야기해볼까 합니다.

초등학교에 다닐 때의 일입니다. 곤충 채집 과제가 있어서 저는 교내의 벚나무에 꿀을 발라놓았지요. 꿀에 벌레가 꼬일 거라 생각했던 겁니다. 그러나 다음 날 벚나무에 가보니 곤충은커녕 꿀을 발라놓은 흔적도 없었습니다. 이상하게 생각하다 꿀이 모자랐나 싶어 지난번보다 더 많이 발라두고 다음 날 벚나무에 가보았지만, 역시 꿀은 흔적도 없이 사라져버렸습니다. 그러자 더욱 오기가 생겨서 벚나무에 다시 잔

뜩 꿀칠을 해놓고 기다렸습니다. 그러나 몇 번을 반복해도 곤충이 모이기는커녕 꿀만 낭비한 꼴이 되고 말았습니다.

그렇게 일주일이 지난 어느 날, 가장 낮은 가지 쪽에서 계절을 잃은 벚꽃이 활짝 피어난 것을 발견했습니다. 초등학생이었던 저는 '나무가 단 게 먹고 싶었던 거로군!'이라는 생각에 곤충 채집 따윈 잊고 만족스러운 마음에 집으로 돌아갔던 것이 기억납니다.

지금 생각해보면, 결코 피울 수 없었던 시기에 벚꽃을 두 개나 피우게 해준 것에 대한 벚나무의 감사 표시였는지도 모릅니다. 정말 기적과 같은 일에 대한 감사 말입니다.

이제부터 소개할 식물과 동물의 '생명 에너지'를 여러분도 느끼세요. 받아들여보세요.

일, 가정, 개인적 충실함을 위하여 좀 무리를 하다 보면 누구라도 피곤해지게 마련입니다. **식물의 평평하고 높은 에너지는 몸, 마음, 영혼의 밸런스를 잡아줍니다.**

특히 '파워스포트라이트'라고 불리는 장소에는 그 대지만이 가진 고유한 에너지가 있습니다.

이 사진은 나가노의 '제로포인트 필드(제로 자장)'입니다.

제로포인트인 이른바 '배꼽' 부분의 잎은 색이 변해 있습니다.

이곳은 에너지가 소용돌이치고 있는 중심입니다.

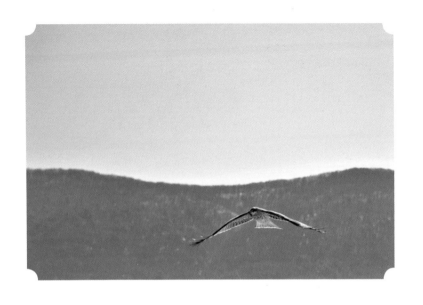

피곤에 지쳤을 때는 몸이 자연스레 움츠러들지 않습니까?

매의 이 강한 날갯짓처럼 마음껏 몸을 펼쳐보세요.

여러 생명이 새로이 눈을 뜨는 건 아침 해가 떠오를 때입니다. 우울해
지는 일이 있었던 날도 하룻밤 지나고 나서 떠오르는 아침 해의 정기
를 받으면 마음이 밝아집니다. 돌비늘로 유명한 다카치호 구니미가오
카의 일출 에너지를 느껴보세요.

때로는 힘이 쭉 빠져버리는 일이 생기기도 하겠지요. 하지만 이 모든 것이 당신을 가장 아름답게 피어나게 하기 위한 서장에 불과해요. 그래요, 더운 여름과 추운 겨울을 넘어서서 일 년에 한 번 활짝 꽃을 피우는 벚꽃처럼….

활짝 핀 벚꽃의 생명 에너지와 벚꽃에 깃든 정령 에너지를 느껴보세요. 단 한 사람이라도 나를 이해해주는 사람이 있다면, 그 존재만으로 치유받을 때가 있습니다.

때로는 마음을 허락하는 친구나 가족에게 마음을 털어놓는 것도 좋겠

지요. 실은 친구나 가족뿐만 아니라 식물도 당신의 이야기를 들을 준

비가 되어 있답니다. 그들의 자상한 의식을 느껴보세요. 그들이 건네
는 소리에 꼭 귀를 기울여보세요.

어떠한 때라도 빛의 방향으로, 빛의 방향으로….

한 발씩 앞으로 나아갑시다.

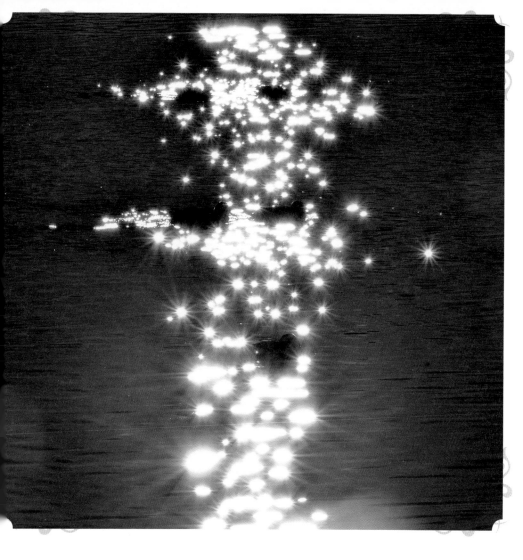

깊은 사랑이 당신을 감싸고 있습니다.

빛에, 사랑에

마음을 맡기세요.

나무들은 멀리 떨어진 나무들과도 조화를 이루며 정보를 교환하고 있습니다. 당신이 매순간 열심히 살고 있다는 것을 분명 나무들도 알고 있습니다.

에너지가 돌고 있는 교토 구라마 산의 거목(왼쪽)과 본가의 신사에 있
는 수령 몇 백 년이나 되는 신목(위).

태양, 산, 하늘… 이 삼위일체의 에너지를 느껴보세요.

보이지 않는 세계에서 온 메시지

Messenger

마음속 메시지에 집중하세요

보이지 않는 세계에서는 우리들이 알아보기 쉬운 메시지를 전해주는 일이 있습니다. 이제부터 소개할 사진들은 보이지 않는 세계로 우리들을 초대하는 메시지를 찍은 것입니다. 그것은 '무지개'나 '빛'과 같은 자연 현상일 때도 있고, '부엉이'나 '백사' 같은 생물일 때도 있습니다.

언제부터인가 본가의 신사에 신의 종인 하얀 새끼부엉이가 날아들었습니다. 저도 본가에 돌아갈 때마다 부엉이의 울음소리를 듣고, 일상에서도 '부엉이'라는 키워드를 여기저기서 듣게 되었습니다.

본가의 신사에서는 그 부엉이가 오고부터 갑자기 참배자가 늘어났다고 합니다. 저도 부엉이의 모습을 본 후로는 이끌리듯이 멋진 만남을 갖기도 하고, 무한의 우주를 느끼는 꿈을 몇 번이고 꾸고, 크게 펼쳐지는 의식에 초대받기도 했습니다. 88쪽 사진의 부엉이가 보여준 풍경은 끝없이 펼쳐진 광대한 우주였습니다.

저는 돌(크리스털)을 아주 좋아하는데, '돌'도 보이지 않는 세계로부터 메시지를 전해줍니다. 여러 종류의 돌이 있지만, '마음에 드는 돌' 또는 '자꾸 신경이 쓰이는 돌'과 대화를 하면 그 돌의 의식과 공명합니다. 돌에는 '규소'라고 하는 성분이 함유되어 있는데, 규소는 인간의 뼛속과 관절, 피부, 머리카락, 손톱, 송과체 등에도 함유되어 있다고 합니다. 규소라는 공통된 성분으로 말미암아 돌과 우리의 몸이 공명을 일으킨다는 것은 이미 과학으로도 증명된 일입니다.

따라서 꿈이나 영감, 때로는 말로도 메시지와 눈앞에 펼쳐지는 풍경을 받아들이는 일이 가능한 것입니다.

크리스털은 1밀리미터 커지는 데 약 100년이 걸린다고 합니다. 커다란 크리스털은 몇 십억, 몇 천, 몇 백 년을 살아온 것이지요. 그 돌이 지닌 깊고 영원한 에너지에 스스로 마주하려는 의식을 가지고 대화를 나누면, 눈에 보이지 않는 세계로 당신을 초대해줄 것입니다.

돌의 종류에 따라 다르긴 하지만, 사실 저는 돌과 함께 목욕도 하고 함께 잠도 잡니다. 그럼으로써 의식과 의식의 신뢰 관계가 생깁니다. 신뢰가 쌓이면 눈에는 보이지 않는 여러 세계로 안내해주기도 하고,

기하학적 모양이나 숫자, 스토리, 풍경, 나아가서는 확실한 말로 메시지를 전해주기도 합니다.

마음에 드는 사진이 있으면 마음속으로 물어보세요. 거기에서 무언가 메시지를 받을 수 있을지도 모릅니다.

우리들의 세계는 보이는 세계만 있는 것이 아닙니다.

보이지 않는 세계를 느낄 수 있다면, 당신의 가능성도 더욱 넓어집니다.

본가의 신사에 자주 오는 '신의 종'인 부엉이입니다. 부엉이가 찾아온 날 밤에 꾸는 꿈은 언제나 불가사의한 기운으로 넘쳐납니다.

현실세계인 '보이는 세계'도, 마음의 내면과 성
스러운 에너지가 존재하는 '보이지 않는 세계'
도 모두 중요합니다. 무지개는 보이는 세계와
보이지 않는 세계를 연결해주는 다리입니다.

본가의 신사에 나타난 빛(위)은 놀랍게도 본가의 가문 문장과 같은 형태였습니다. 주제신 에너지의 현신이었던 겁니다.

신사는 눈에 보이지 않는 신들과 연결되는 장소입니다.

내면과 마주 보고 싶을 때, 가까운 신사를 방문해보길 권합니다.

저녁노을은 내면으로 향하는 에너지입니다.

아침노을은 현실을 만들어내는 에너지입니다.

하와이의 바다(왼쪽)와 산(위), 일몰(왼쪽)과 일출(위)의 사진입니다.

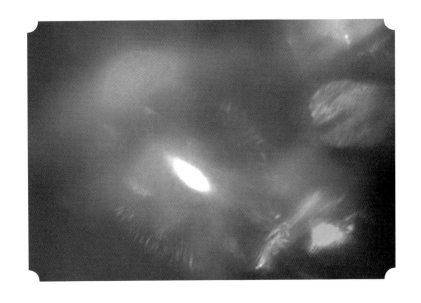

스톤은 아름다움뿐만 아니라 보이지 않는 세계와 연결되는 에너지를
지니고 있습니다.

'자수정'은 '직감'을 관장하는 에너지입니다.

'연수정'은 '목적 달성'과 '집중력'을 관장하는 에너지를 지니고 있습니다.

'크리스털'은 지구와 함께 몇 억 년이라는 시간을 보낸 후 이런 형태
가 되었습니다.

빛을 뿜는 이 크리스털은 몇 억 년 예지의 세계로 우리들을 초대합니다.

돈이나 인간관계와 같은 현실세계에서의 번영도 중요합니다. 그와 마찬가지로 마음의 번영도 중요합니다. '금홍석'은 '번영'을 관장하는 에너지입니다.

꿈을 이뤄주는 우주의 기운

Cosmic Energy

에너지를 받고 기회를 앞당겨보세요

우주 에너지는 아주 높은 파동을 지니고 있으며, 구체나 빛으로 나타
납니다. 우주 에너지란 '무엇으로든 변할 수 있는 에너지'입니다.

이제부터 소개할 사진들은 구체와 빛, 때로는 UFO 형태로 나타난 우
주 에너지를 찍은 것입니다.

UFO는 특히 다른 세상으로 이동할 때 나타납니다. UFO가 외계인이
나 미래인의 선물이라는 설도 있지만, 저는 고차원의 에너지체와 공
명했을 때 나타나는 현상이라고 느낍니다.

우주 에너지의 구체는 정령·요정의 구체에 비해 일반적으로는 생각할 수도 없는 움직임을 보이기 때문에 카메라로 찍는 것이 무척이나 힘들었습니다.

색은 선명하고 강렬한 일렉트릭 블루나 일렉트릭 그린, 보라 등 차가운 색 계열이 많은 편입니다. 우주 에너지는 생각지도 않은 순간에 돌연 나타납니다. 장소나 시간 따윈 상관없이 말이지요.

이전에 놀랍게도 하치오지의 무사시릉에서 갑자기 복수의 구체가 나타난 일이 있었습니다. 수가 너무 많아서 정말 놀랐습니다.

그 구체의 에너지는 시리우스 에너지였습니다. 제가 그것을 어떻게 알았을까요? 사실 그때 저는 무언가 제 안에서 센서와 같은 것이 움직여 약간 배회를 하고 있었는데, 갑자기 손발 끝에서부터 조금씩 짜릿한 감각이 일어나더니 황홀한 에너지가 느껴졌습니다.

'이건 뭐지?' 하고 마음속에서 중얼거리자 '시리우스'라는 말이 반사적으로 튀어나왔습니다.

또 하나의 에피소드를 소개하겠습니다.

저는 고층 빌딩에서 하늘을 바라보는 것을 좋아합니다. 몸을 지탱하기 위해 창에 양손을 올려놓고 하늘을 보고 있을 때였습니다. 한순간 손을 대고 있던 창에서 수십 미터 정도, 한 번에 의식이 툭 하고 내려가는 것처럼 느껴졌습니다. 즉 손이 수십 미터 정도 밑으로 늘어지는 것 같은 감각이었습니다.

순간 '어? 뭐지, 이 감각은…!' 하고 좀 놀랐지만, 바로 마음을 편히 하고 이 감각을 즐겨보자고 생각을 바꾸었습니다. 3분 정도 그 감각을 그대로 느끼며 창 너머로 보이는 태양의 빛을 바라보았습니다. 내 속에서 일어나는 생각에 의한 비판이나 판단을 멈추고, 그저 느끼는 것에만 집중했습니다.

그러자 빛의 다각적인 변화가 보이기 시작했습니다.

여러분도 그 불가사의한 고파동의 에너지를 직접 느껴보세요.

꿈을 이룬 사람은 알고 있습니다.

꿈을 이루는 데는 커다란 에너지가 움직인다는 것을!

자신이 내는 최대한의 힘과 자기 이외의 커다란 힘이 움직인다는 것을.

오리온자리와 그 밑에서 한층 더 밝게 빛나는 시리우스.

이 고파동의 우주 에너지를 느껴보세요.

위 사진은 왼쪽과 같은 피사체를 찍은 것으로, 셔터 스피드를 느리게

하여 촬영한 것입니다.

우주에서 온 빛과 에너지가 우리를 키우고,

우리에게 힘을 주고 있습니다.

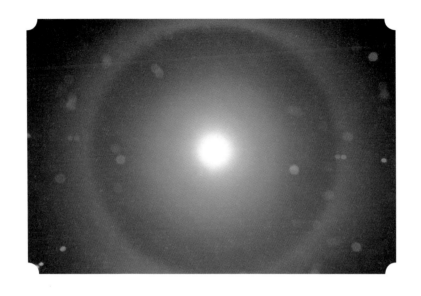

진귀한 현상인 '태양의 무지개'(왼쪽),

'보름달의 골든 링'과 축복하는 구체들의 에너지(위).

바로 앞에, 지금 당신이 원하는 세계가 기다리고 있습니다.

미국의 애리조나 주 세도나(Sedona)에서 촬영한 '태양의 무지개 링' (왼쪽)과 콜롬비아 상공에서 찍은 '블로킹 현상'(위).

소원이 이루어지는 세계, 다른 차원으로
가는 문은 열려 있습니다.
기회가 왔을 때, 그 순간을 잡는 것!
그것이 꿈을 현실로 만드는 비결 중 하
나입니다.
기회도 이 우주 에너지 구체처럼 재빨리
움직이는 법입니다.

UFO와 우주에서의 메신저.

이 하늘을 통해 당신과 우주는 연결되어 있습니다.

우주를 생각할 때면 하늘을 올려다보세요.

우주의 존재는 반드시 당신과 함께합니다.

우주는 이 아름다운 지구를, 우리들을 지켜주고 있습니다.

그것을 가르쳐준 건 세도나의 앤틸로프캐니언(Antelope Canyon)에서

만난 이 우주 에너지입니다.

'그대의 감동 에너지는 우리들과 연결되어 있다'라는 메시지도 받았

습니다.

많이 감동합시다.

그것도 꿈을 이루는 에너지가 됩니다.

다카오에 폭설이 내린 다음 날, 눈이 녹으면서 물 주변에 비친 고차원의 에너지 서클입니다.

꿈을 그립시다.
꿈을 이루어주는 커다란 에너지는 언제든 우리를 감싸고 있습니다.

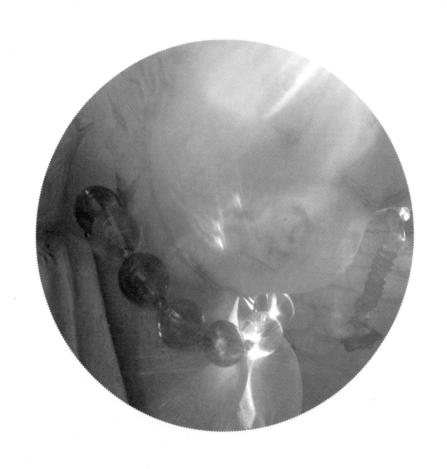

사랑을 부르는 천사의 사인

Angel

당신에게도 수호천사가 있어요

천사라는 존재를 저는 고차원의 '빛'이며, '의식'의 존재라고 인식하고 있습니다.

천사는 한 사람 한 사람의 곁에서 수호신(가이드, 안내자) 역할을 담당하고 있는 존재입니다. 디자이너이며 제 파트너이기도 한 리카는 천사와 자주 채널링을 합니다. 그녀에 의하면, 천사의 존재란 비판이나 판단이라는 인식 자체가 없는 사랑과 빛의 존재라고 합니다.

빛의 존재는 우리 눈에 보이는 현상을 이용하여 '사인'을 보내줍니다. 눈이나 빛과 같은 자연 현상이 천사의 커다란 날개와 아름다운 날개의 형태로 나타나 우리에게 천사의 존재를 알려주는 것입니다.

이제부터 소개할 사진들에는 천사의 자애 넘치는 에너지가 담겨 있습니다.

제가 천사 날개의 빛을 찍은 장소는 세도나의 홀리 크로스 채플 (Chapel of the Holy Cross)이라는 교회당 앞이었습니다. 천사를 느껴 문득 하늘을 올려다보자, 여러 빛깔로 어우러진 고운 구름과 빛의 날개가 있었습니다(133쪽).

때로 천사는 돌에 깃들기도 합니다. 크리스털이나 자수정 등의 돌 안에 무지갯빛이나 날개와 같은 형태로 보여주기도 합니다.

저도 돌에 깃든 천사의 존재를 느끼고 마음의 눈으로 잡아 체감한 일이 있습니다. 미국의 애리조나 주 세도나에 있는 캐드럴록(Cathedral Rock) 국립공원을 방문했을 때의 일입니다. 빛을 발하는 홍수정이 무언가 호소하는 듯 저의 시계에 들어왔습니다. 손에 집어 들자 뭐라 표현할 수 없는 감각이 전해져 왔습니다. 잠시 그 돌을 잡고 명상을 해보았습니다. 그러자 눈을 감고 있는데도 눈부실 정도로 반짝이는 빛이 들어와 몸 전체가 녹아 없어지는 것 같은 느낌이 들었습니다.

잠시 그대로 있자, 아주 커다란 날개를 가진 천사 같은 존재가 나타나 그 커다란 날개로 저의 의식을 감싸주었습니다. 저는 이미 더할 수 없는 행복감과 함께 모든 것이 연결되어 있다는 걸 느꼈고, 영혼의 밑바닥에서 깊고 깊은 자애가 밀려왔습니다.

다시 자신으로 돌아온 저는 넘쳐흐르는 눈물을 멈출 수가 없었습니다. 저는 정말로 이 감각을 얻은 것에 감사드렸습니다.

여러분도 천사가 보내는 '사인'을 받게 되면 감사의 기도를 올리세요. 천사와 더욱 깊이 연결될 것입니다.

천사는 언제나 우리들 곁에 머물며
사랑과 빛을 보내주고 있습니다.

"자신을 바라보라. 사랑과 감사가 중요하다."

이런 메시지와 함께 하늘에 나타난 구름은
대천사 가브리엘의 에너지였습니다.

의식만 향한다면 우리의 생각은

곧 천사에게 다다릅니다.

샤스타(Shasta, 캘리포니아에 있는 산)에서 만난

'무지개 구름'입니다.

천사의 축복 에너지를 느껴보세요.

영혼을 설레게 하는 일이 우리를 빛나게 한답니다.

당신은 지금 영혼이 두근거리는 선택을 하고 있나요?

세도나의 홀리 크로스 채플 위에 나타난, 그야말로 천사의 날개 빛입
니다.

돌 안에 천사가 깃들기도 합니다.

'크리스털'(위)과 '시트린(citrin)'(오른쪽)에 깃든 천사입니다.

사랑과 빛의 에너지를 느껴보세요.

천사가 곁에 와주면 변함없는 사랑과 평온함을 느낍니다.

이 사진은 아버지가 돌아가시고 얼마 지나지 않은 터라 아직 마음에 슬픔 덩어리가 남아 있을 때, 제 주위에 빛이 내려앉는 느낌이 들어 찍은 것입니다.

그때 천사의 사랑을 느꼈습니다.

어느 때든 천사를 느끼려고 해보세요.

천사를 느끼기 위해서는 천사 상을 놓아두거나

천사의 이름이 새겨진 물건을 옆에 두는 것이 좋습니다.

이런 작은 일들이 천사의 에너지를 부른답니다.

천사는 언제든 여러분에게

사랑과 빛을 보내고 있으니까요.

보이지 않아도 연결되어 있다

저는 이제껏 여러 종류의 사진을 찍어왔습니다. 이 책을 시작하며 말씀드렸듯이 눈에는 보이지 않았던 UFO 사진을 찍은 것이 계기가 되어 여러 종류의 눈에 보이지 않는 세계를 찍게 되었고, 지금까지 느끼는 대로 찍어왔습니다.

그날부터 다수의 '눈에 보이지 않는 존재'를 보거나 느끼게 되었습니다. 그러다 '왜 눈으로도 보이게 되었을까?', '왜 우주 의식을 느낄 수 있게 되었을까?' 궁금해졌습니다. 그리하여 '바샤르'라는 우주 의식과 채널링을 하는 다릴 앙카에게 연락하여 로스앤젤레스까지 직접 찾아가 물어보았습니다.

그는 제게 두 가지 답을 가르쳐주었습니다.

"당신은 미래의 정보를 캐치하고 있다."
"지금 당신이 경험하고 있는 정보를 미래의 당신이 관찰하고 있다."

실제로 바샤르와 채널링을 하고 있는 다릴 앙카는, 그의 미래인 바샤르와 계약을 하고 현재에 메시지를 채널링하고 있습니다.
이 답을 들은 이후, 저는 미래든 과거든 모든 것이 그야말로 '지금 여기'에 있다고 느꼈습니다.

이 책에 소개한 사진을 유심히 보고 그 에너지를 느껴보시기 바랍니다. 그리하여 당신의 내면에서 끓어오르는, 또는 떠오르는 풍경이나 메시지를 받아들여서 그 세계를 펼쳐보세요. 눈에 보이지 않는 존재들의 에너지가 당신의 의식 깊이 전해질 것입니다.

눈에는 보이지 않는 존재들이 눈에 보이거나 느껴질 때, 저는 항상 무언가 마음과 연결되는 감각이 느껴집니다. 거기에 진실한 사랑을 느낍니다. 또 살아가는 열정, 힘, 감정까지도 느낄 때가 있습니다. 그 모든 것이 하나가 되는 순간이 있고, 그 순간에 저는 셔터를 누릅니다.

보이지 않는 존재와 마음이 연결될 때, 그들이 마법처럼 아름답게 빛나며 빛을 발할 때가 있습니다. 제게 있어서 '빛'이라는 것은 일치(모든 것은 하나)를 깨닫게 해준 사인입니다. 그렇기에 '지금 여기'에 있고, 느낄 수 있는 것입니다.

눈에는 보이지 않지만 확실히 존재하는 그 '존재'들과 이 책을 펼쳐 보아주신 모든 분들에게 사랑과 감사와 빛을 보냅니다.

행운을 부르는 이상한 사진

펴낸날	초판 1쇄 2016년 2월 10일

지은이	후미토
옮긴이	박진희
펴낸이	심만수
펴낸곳	(주)살림출판사
출판등록	1989년 11월 1일 제9-210호

주소	경기도 파주시 광인사길 30	
전화	031-955-1350	팩스 031-624-1356
기획·편집	031-955-4662	
홈페이지	http://www.sallimbooks.com	
이메일	book@sallimbooks.com	

ISBN	978-89-522-3329-5 03320

이 도서의 국립중앙도서관 출판시도서목록(CIP)은 서지정보유통지원시스템 홈페이지
(http://seoji.nl.go.kr)와 국가자료공동목록시스템(http://www.nl.go.kr/kolisnet)에서
이용하실 수 있습니다.(CIP제어번호: CIP2016001478)

책임편집·교정교열 선우지운